AF454752

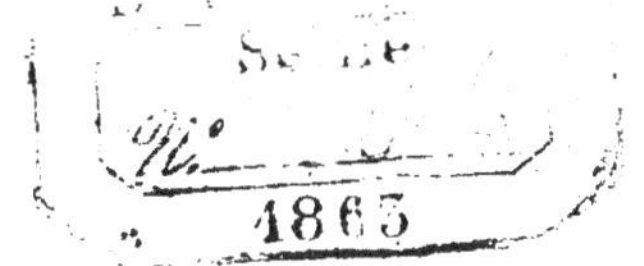

DIANE
AU BOIS

COMÉDIE HÉROIQUE EN DEUX ACTES

EN VERS

PAR

THÉODORE DE BANVILLE

PARIS

MICHEL LÉVY FRÈRES, LIBRAIRES ÉDITEURS

RUE VIVIENNE, 2 BIS, ET BOULEVARD DES ITALIENS, 15

A LA LIBRAIRIE NOUVELLE

—

M DCCC LXIV

DIANE AU BOIS

COMÉDIE HÉROÏQUE

Représentée pour la première fois, à Paris, sur le théâtre
impérial de l'Odéon, le 16 octobre 1863.

DIANE AU BOIS

COMÉDIE HÉROÏQUE

EN DEUX ACTES, EN VERS

PAR

THÉODORE DE BANVILLE

PARIS

MICHEL LÉVY FRÈRES, LIBRAIRES ÉDITEURS

RUE VIVIENNE, 2 BIS, ET BOULEVARD DES ITALIENS, 15

A LA LIBRAIRIE NOUVELLE

—

M DCCC LXIV

PERSONNAGES

ÉROS.	Mlle PETIT.
DIANE.	Mlle DUGUERRET.
GNIPHON.	M. ROMANVILLE
GLAUCÉ.	Mlle LEPRÉVOST.
EUNICE.	Mlle ENJALBERT.
MÉLITE.	Mlle HENRIOT.

La scène est en Thessalie, dans les bois qui séparent le mont Olympe
de la vallée de Tempé.

DIANE AU BOIS

ACTE PREMIER.

Une clairière, avec des tapis d'herbe, des ombrages, des ruisseaux.
et une cascade dont on entend le murmure par intervalles.
On aperçoit dans le lointain les sommets de l'Olympe, couverts
de neige.

SCÈNE PREMIÈRE.

Au lever du rideau, entre Gniphon, satyre aux oreilles poin-
tues, aux cheveux ébouriffés, couronnés de lierre, au visage
rougissant et imberbe. Il est vêtu d'une peau de chèvre, et l'on
voit, attachée sur sa poitrine par un cordon en bandoulière, une
flûte de roseau. Gniphon tient à la main une outre rebondie, et,
pendant toute la première scène, il boit sans interruption, de façon
à arriver graduellement à une ivresse complète.

GNIPHON.

Le bon tour! O doux vin par le soleil moiré,
Sois tranquille, je t'ai volé, je te boirai!
> (Au public.)

J'ai dans un antre obscur trouvé le vieux Silène
Ivre et gisant; le bruit rauque de son haleine
Faisait fuir les oiseaux, du chasseur épiés.
Je m'avançai vers lui sur la pointe des pieds:
L'héroïque vieillard dormait comme une poutre,
Je lui pris cette flûte, et lui volai son outre.

J'engloutirai le vin et je jouerai des airs!
Buvons d'abord. Le vin charme ces lieux déserts,
Et la gaîté par lui dans ces forêts séjourne.
Tiens, voilà du nouveau! le peuplier qui tourne!
Et le soleil qui danse en portant son flambeau!
Je suis brave, je suis glorieux, je suis beau!
Pourquoi ne puis-je pas me faire aimer des femmes?
C'est la faute des dieux; les dieux sont des infâmes
Qui me font ce loisir d'amour exagéré :
Ils m'ont jeté des sorts, mais je me vengerai!
Souvent sur ces hauteurs, où derrière eux je grimpe,
Ils viennent oublier les galas de l'Olympe,
Et, comme un histrion qui descend du tréteau,
Ces grands seigneurs du ciel cherchent l'incognito ;
Mais on les reconnaît toujours à quelques signes!
Je leur veux, dès ce soir, jouer des tours indignes.
Buvons. Je charmerai les nymphes par mon chant.
Et vous, les immortels, prenez garde!

> (Pendant les derniers vers de ce monologue, Gniphon, tout à
> fait ivre, s'est laissé tomber sur le gazon, où il s'endort
> profondément.)

SCÈNE II.

ÉROS, GNIPHON.

> Entre Éros, sans carquois, sans bandeau, sans ailes, enfin sans
> aucun des attributs mythologiques de l'Amour, mais vêtu en jeune
> berger à blonde chevelure, avec panetière et houlette. Il a en-
> tendu les dernières paroles de Gniphon.

ÉROS.

Ah ! méchant !

> (Il lie Gniphon avec des branches d'églantier.)

Tiens! raille encor les dieux jaloux! épie encore
La forêt! Un lien de roses te décore,
Montre aux nymphes ce front qui les ensorcela,
Méchant satyre!

GNIPHON, s'éveillant en sursaut.

Hein! Que veut dire cela?

(Il regarde autour de lui; mais Éros s'est caché. Gniphon ne
voit personne.)

Parlez. Où suis-je? On m'a lié, quelle folie!
Laissez-moi. Je veux fuir. Je défends qu'on me lie.
Par le Styx!

ÉROS, se montrant tout à coup et riant.

Tu défends!

GNIPHON, pleurant et joignant les mains.

Non, je te prie, hélas!
Est-ce toi, cher enfant, toi, bon berger Hylas,
Qui m'as pu maltraiter de la sorte?

ÉROS.

Moi-même.

GNIPHON.

Délivre-moi!

ÉROS.

Non pas.

GNIPHON.

Rends-moi le bien suprême,
La liberté! Vois-tu, mon visage est bouffon;
Mais j'ai le cœur si doux! Je t'aime.

ÉROS, feignant de sortir.

Adieu, Gniphon.

GNIPHON, *désolé.*

Veux-tu ma flûte, dis? Que te faut-il pour être
Généreux? Je te garde une coupe de hêtre
Sur laquelle un renard mord des raisins touffus!
Et je te guiderai vers les antres confus
Où les nymphes, pliant leurs bras en guise d'ailes,
S'endorment en plein air comme des hirondelles.
Ami, délivre-moi; je suis vaincu. J'ai faim.

ÉROS, *déliant Gniphon. Avec dédain.*

Va donc te faire pendre!

GNIPHON, *triomphant et fanfaron.*

Ah! je suis libre, enfin!
Imprudent! Tu sauras les peines qu'on s'attire
A navrer sans motif un honnête satyre!
Sur ma discrétion tu peux mettre une croix.
Ah! tu viens nous tailler des croupières! Tu crois
Mener les gens au gré de ta tête fantasque!
Nous lier? Nenni, da. Je te connais, beau masque!

ÉROS.

Moi!

GNIPHON.

Tu n'es pas Hylas, un berger, mais Éros,
Éros, le dieu d'amour, le vainqueur des héros!

ÉROS.

Si tu m'as reconnu, tremble donc.

GNIPHON.

Je suis brave!
Hercule a devant toi fléchi; moi, je te brave.

(Avec afféterie.)

Oiseau malin, j'échappe aux serres de l'autour!

ÉROS.

Par quelle ruse as-tu deviné que l'Amour
Se cachait, retenu dans un humble servage,
Sous l'habit d'un bouvier, dans ce vallon sauvage ?
Oui, les dieux ont voulu mon exil, en effet!

GNIPHON.

Diane a fait le coup, je pense. Elle a bien fait.

ÉROS, rêveur.

Tu demandais, sylvain, qui m'a volé ma gloire
Et mes splendeurs? Vois-tu saigner mes pieds d'ivoire?
Avant les immortels, parmi les dieux géants
Qui volaient, éperdus, sur les verts océans,
Dans l'éther vaste, aux jours de la force première,
Je parus; je naquis de la pure lumière,
Fils de la flamme, esprit du monde essentiel :
Eh bien, regarde-moi, je suis banni du ciel!

GNIPHON.

Bon!

ÉROS.

    J'y parus d'abord comme un enfant timide.
Les immortels, ravis par ma prunelle humide,
Admiraient mon regard plein des feux de l'enfer,
Et baisaient mes cheveux dorés, vierges du fer.
On disait: « Qu'il est beau, même dans ses tristesses! »
J'égarai sur mes pas les tremblantes déesses
Qui me nommaient le doux, l'harmonieux archer;
Les durs Olympiens, dédaignant de marcher
Aux combats, oubliaient leurs immortelles haines,
Et mon feu pénétrant circula dans leurs veines!

GNIPHON, soupirant.

Je connais ce feu-là !

ÉROS, s'animant.

Dans la céleste cour
Ce ne fut que chansons et que soupirs d'amour ;
Les aveux s'échangeaient au murmure des lyres ;
Sous les bosquets divins, la mère des sourires
Enchaînait Mars vaincu dans ses bras onduleux ;
Phébus chantait sa peine, et Minerve aux yeux bleus,
Pour la première fois jalouse de parure,
Devant les miroirs d'or peignait sa chevelure.
Junon se couronnait de fleurs !

GNIPHON.

Tableau riant
Et qui dut réjouir le magique Orient !
Tant de beaux seins de lys déchirés par tes flammes !
Les déesses pleurant comme de simples femmes,
Et rangeant à l'amour l'éternelle cité !
Mais comment a fini cette félicité
Que ne troubla jamais le regard d'un profane ?
Dis, enfant ?

ÉROS.

Tu connais la cruelle Diane.
Elle seule, gardant le carquois des chasseurs,
N'osa pas de l'hymen affronter les douceurs,
Et sa poitrine, où vole un parfum d'ambroisie,
Sous les rayons du soir trembla de jalousie.
Elle vint dans l'orage, aux lueurs de l'éclair,
Embrasser les genoux du divin Jupiter.
L'Olympe était perdu d'honneur, assurait-elle,

Si l'on ne me chassait de la troupe immortelle;
Elle disait aussi que par tout l'univers
Les poëtes raillaient nos fautes dans leurs vers,
Et riaient d'avoir vu sous des ailes de cygne
Celui qui fait frémir les étoiles d'un signe !
Pour elle qui se plait, redoutable à nos jeux,
Dans l'horreur des déserts et sur les pics neigeux,
Tremblante de la honte où ce mépris la jette,
Elle voulait s'enfuir dans les bois du Taygète,
Et dans les antres noirs, pendant l'éternité
Ensevelir sa haine et sa virginité.
Qu'elle était belle ainsi, la nymphe tutélaire,
Tordant sa lèvre ardente et rouge de colère !
Jupiter l'exauça, je partis pour l'exil.

GNIPHON, à part.

Et certes, Jupiter ce jour-là fut subtil !

(Haut, hypocritement.)

Hélas !

ÉROS.

Ne me plains pas, car ma vengeance est mûre.
Déjà, glacé d'ennui, tout l'Olympe murmure,
Et boit avec dégoût la céleste liqueur :
J'en partis suppliant, j'y reviendrai vainqueur !
Mais, vois-tu, mon secret est né dans ce bocage
Comme il y doit mourir; c'est pourquoi je t'engage
A n'en confier rien aux passants, rien aux bois,
Rien à l'oiseau, rien même à la biche aux abois!
Si tu trouves pourtant l'aventure plaisante,
Parle, mais on te change en bête malfaisante,
En vieux saule difforme ou bien en rocher noir,

Et toi, si gracieux et si charmant à voir,
Tu feras de la sorte une laide figure !

GNIPHON.

C'est la bataille ! Eh bien, j'en accepte l'augure,
Et, si j'étais bavard, je pourrais dire aussi
Que, le soir, quand la lune au reflet adouci
Fait briller sur nos fronts sa clarté diaphane,
Tu courtises Glaucé, la nymphe de Diane.

ÉROS.

Visions !

GNIPHON.

La déesse aime ce bois sacré.
Elle y viendra sans doute, alors je lui dirai
En effleurant du doigt tes boucles vagabondes :
Voilà celui qui veut ravir tes nymphes blondes !

ÉROS.

Chimères !

GNIPHON.

Je dirai cela, noble étranger,
Avant qu'à ta prière on me vienne changer
En rocher noir, ou bien en vieux saule difforme.
Cela même.

ÉROS.

A ton aise.

(Il s'enfuit en courant.)

Attends-moi donc sous l'orme !

GNIPHON, seul.

Il a fui ! Le pendard ose rire. Il a ri.
Courons !

(S'arrêtant et revenant sur le devant de la scène. Avec indignation.)

Il m'a lié, courbé, raillé, meurtri!

Qui, moi! l'ægipan! moi le roi de ces campagnes!

(Avec colère, en se tournant du côté par lequel est sorti
Éros, et en montrant le poing.)

Attends-moi!

(Il sort.)

SCÈNE III.

DIANE, GLAUCÉ, EUNICE, MÉLITE.

La scène reste vide un instant; puis entre Diane, peu après suivie
de ses nymphes.

DIANE, entrant.

Par ici. Venez, chères compagnes.

(Entrent les nymphes.)

MÉLITE.

Nous voici.

DIANE.

Le beau soir!

GLAUCÉ.

Là-bas, dans l'éther bleu
Le soleil est de pourpre et le couchant de feu.

EUNICE.

Comme un luth endormi la cascade murmure.

MÉLITE.

Un frisson de plaisir agite la verdure.

EUNICE.

La tourterelle près des myrtes prend son vol.

1.

GLAUCÉ.

Tout rayonne.

MÉLITE.

Écoutez le chant du rossignol !

GLAUCÉ.

Et le ruisseau jaseur à sa plainte se mêle.
Écoutez.

EUNICE.

Chante encor, plaintive Philomèle !

DIANE.

Oh ! charme du silence et des asiles frais !
Que ce moment est doux sous les noires forêts !
C'est l'heure de donner l'essor libre à nos âmes,
Tranquillement, bien loin du tumulte, entre femmes.
Je veux faire un festin rare et délicieux
En cueillant aux figuiers sauvages, sous les cieux,
Leur rouge fruit mûri sur la colline roide,
           (Montrant la cascade.)
Et me désaltérer à cette eau claire et froide !

> (Les nymphes cueillent des fruits et les disposent dans des
> paniers qu'elles font d'une large feuille et de quelques
> branches légères, puis les apportent sur la mousse, où
> Diane s'assied avec elles, près de la cascade.)

Je vais donc me servir un repas à mon goût,
Et pouvoir dénouer ma ceinture, et surtout
Oublier un instant l'Olympe et l'ambroisie !

MÉLITE.

Quoi ! vraiment, se peut-il que l'on s'en rassasie ?
On dit le ciel si riche et l'Olympe si beau !

DIANE.

Ah! Mélite, un palais, un vertige, un tombeau!
Là-bas tout resplendit des feux des chrysoprases,
Mais la satiété jusque dans leurs extases
Suit les Olympiens sur ces brillants sommets.
Et ce rire immortel qui n'en finit jamais!
Quel ennui!

GLAUCÉ.

Mais on dit les déesses charmantes!

EUNICE.

Leurs cheveux sont pareils aux vagues écumantes, —

MÉLITE.

Et toujours leur visage est fier comme leur nom.

EUNICE.

Qui ne rendrait hommage à l'austère Junon,
Quand ses brodequins d'or vont dans l'herbe fleurie,
Éblouissants!

DIANE.

Oui, c'est une belle furie.

EUNICE.

Elle passe pour sage, et ne veut pas d'amant.

DIANE.

Oh! son cœur est vêtu d'un triple diamant,
Elle est irréprochable, ou du moins fort habile.
Tout tremble à son aspect; mais à voir que sa bile
S'épanche contre tous en discours outrageants,
On dirait qu'elle en veut terriblement aux gens
Du mal qu'elle se donne à faire la tigresse.

GLAUCÉ.

Le renom de Pallas vit dans toute la Grèce.
On vante sa réserve extrême.

DIANE.

Que dis-tu,
Ma petite Glaucé, d'un dragon de vertu
Si rigide, qui, pour éviter qu'on l'embrasse,
A besoin de garder son casque et sa cuirasse?

(Rires des nymphes.)

EUNICE, riant.

Quelle sagesse!

MÉLITE.

Mais l'adorable Cypris?

DIANE.

Sa chevelure est d'or, son visage de lys!
Tout lui sourit; chacun la fête, chacun l'aime,
Vulcain, Mars, Adonis, Anchise, Phébus même,
Hommes et dieux; sans cesse un flot grossit le cours
Sans cesse débordé de ce fleuve d'amours;
Mais ses larmes, sa voix, ses regards, son sourire,
Tout crie en elle : « Ayez pitié de mon martyre!
Par grâce, adorez-moi! » Ses yeux, toujours vainqueurs,
Se baissent constamment pour ramasser des cœurs,
Et cette reine aux yeux de flamme, aux bras avares,
En chercherait, je crois, jusque chez les barbares.
Certes, quand on ne craint ni honte ni mépris,
Il est aisé d'avoir des amants à ce prix :
On fait à bon marché ses preuves de noblesse;
Mais entre nous, enfants, c'est, pour une déesse,

Respirer un encens par trop substantiel,
Et la chose est fort laide ailleurs que dans le ciel !

EUNICE.

Hébé ?

DIANE.

De blanches dents et des rires sonores !
Elle est accorte, et porte à ravir les amphores.
C'est un joli minois, qui sans doute plairait
En versant le nectar au seuil d'un cabaret.

GLAUCÉ.

Mais les dieux?

MÉLITE.

Tout célèbre Apollon.

DIANE, avec mépris.

Un poëte !
Depuis le temps qu'il porte un laurier sur sa tête,
Avec sa lèvre imberbe et son regard vermeil,
Des faiseurs de chansons l'ont pris pour le soleil.
C'est mon frère, Mélite, un maître en ciselure,
Mais il n'est astre enfin que par la chevelure.
C'est un de ces rêveurs au langage peu sûr
Qui lèchent les torrents et qui mangent l'azur
Du ciel, et qui s'en vont, le feu sur les pommettes,
Peigner à tour de bras les cheveux des comètes !
J'aimerais mieux le voir, couronné de festons,
Retourner franchement à ses petits moutons,
Que s'en tenir toujours à ce triste délire
D'un arrangeur de rhythme et d'un racleur de lyre !

EUNICE.

Et Mars ?

DIANE.

Un trouble-fête! un glorieux soudard!
Celui-là n'ennuiera personne à force d'art;
Sa poitrine de bronze est comme une muraille,
Il marche avec un bruit d'aciers et de ferraille;
Son visage velu, mal fait pour les amours,
Imite la douceur des lions et des ours;
S'il parle, il fait fuir l'aigle effrayé vers son aire,
Et lorsqu'il dit : « Je t'aime! » il fait peur au tonnerre.

(Avec dépit)

Et puis, tous ces gens-là, tant que dure le jour,
Ne respirent, ne font, ne rêvent que l'amour!
L'amour, quel passe-temps ridicule! Ames vaines.
Sentir courir la glace et le feu dans ses veines,
Des soupirs, des sanglots, des plaisirs achetés
Par tant de désespoirs et tant de lâchetés,
Voilà ce qu'on récolte à la guerre amoureuse.
L'Amour, on l'a chassé du ciel, j'en suis heureuse!
Et sa confusion, comme j'en ai joui!
Oh! vous le haïssez, n'est-ce pas, mes sœurs ?

MÉLITE, avec embarras.

Oui.

EUNICE, de même.

Oui, sans doute.

GLAUCÉ, s'enhardissant.

Pourtant, déesse, —

DIANE, menaçante.

Qu'est-ce à dire?

MÉLITE.

On trouve...

EUNICE.

Assure-t-on...

GLAUCÉ.

Du charme à ce martyre!

DIANE, irritée.

Tais-toi.

MÉLITE.

Chacun prétend que ces chagrins sont doux...

EUNICE.

Et que ce mal...

GLAUCÉ.

Est bon à souffrir!

DIANE, tout à fait menaçante.

Taisez-vous!
Enfants, la volupté des cœurs de grande race,
Non, ce n'est pas l'amour timide, c'est la chasse!
Entendez-vous le cor de mes nymphes, là-bas?
La chasse ivre et fougueuse, image des combats,
Qui tout le jour, parmi la nature sacrée
S'en va, d'air balsamique et de sang altérée.
Oh! la robe agrafée au-dessus du genou,
L'arc à la main, courir nu-jambes et nu-cou,
Franchir un bras de fleuve en nos libres allures
Et sentir les buissons fouetter nos chevelures,
Voir le cerf éperdu fuir sous le vent des cors,
Tandis que, remplissant les montagnes d'accords,
Les voix des chiens de Sparte accouplés dès l'aurore
Font retentir les bois d'un carillon sonore!
Cela, c'est vivre! mais l'amour, à tort vanté,

Les fleurs, les chants du luth, c'est un art inventé
Pour des enfants, et non pour des vierges de Thrace.
Plus de repos. Allons, mes vaillantes, en chasse !
Viens, Glaucé.

GLAUCÉ, à part.

Voici l'heure. Oh! j'ai trop combattu !

MÉLITE, à Diane.

Nous te suivons.

EUNICE.

En chasse !

(A ce moment, les nymphes s'élancent pour suivre Diane. Glaucé
heurte son pied contre un tronc d'arbre, et chancelle.)

GLAUCÉ.

Ah ! je me meurs !

DIANE.

Qu'as-tu,

Ma Glaucé? La pâleur s'étend sur ton visage.

GLAUCÉ.

Rien. J'ai heurté le tronc de ce rosier sauvage ;
Une branche épineuse a blessé mon pied nu.

DIANE.

Et tu trembles, enfant, pauvre cœur ingénu !
Nous te laissons. Tu peux délier ta chaussure
Près de la source fraîche, et laver ta blessure.

(Diane et les nymphes s'éloignent. Restée seule, Glaucé regarde
autour d'elle avec inquiétude, puis revient sur le devant de
la scène.)

SCÈNE IV.

GLAUCÉ.

Je suis seule. Va-t-il venir? O mon Hylas!
Mon beau chasseur, toi qui tant de fois, morne et las,
T'endormis à mes pieds sur l'herbe, je t'appelle!
Accours, et prends pitié de ma peine mortelle.
Viens, entends ma voix! Dût la vierge au cœur jaloux,
Qui va l'arc à la main sur la trace des loups,
Éteindre après mes yeux que tu remplis de joie,
Hylas, mon beau chasseur, il faut que je te voie!
Et dussé-je toujours de ton nom adoré
Fatiguer le tremblant écho, je redirai :
Viens, Hylas! Hylas!

> (Entre Éros. Il est vêtu en chasseur, avec une trousse pleine de flèches, un grand arc, une gibecière. Il arrive à pas légers et prend Glaucé dans ses bras. Il la baise sur l'épaule, et la tête de la nymphe éperdue se penche vers lui.)

SCÈNE V.

GLAUCÉ, ÉROS, en chasseur; par intervalles, GNIPHON,
caché et épiant les deux amants.

ÉROS, baisant l'épaule de Glaucé.

Ma Glaucé!

GLAUCÉ, à part.

Dieux! je succombe.

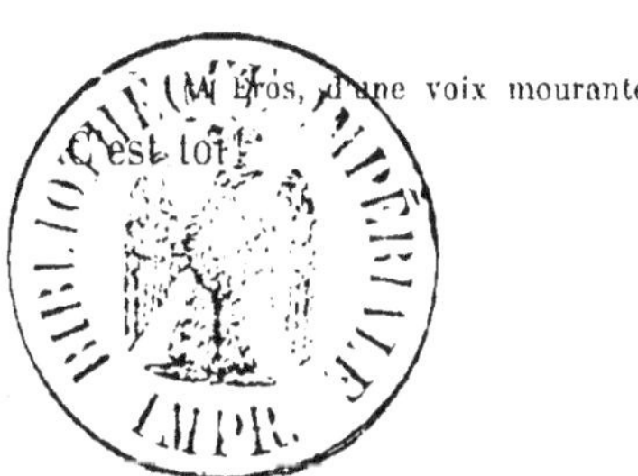

(A Éros, d'une voix mourante.)
C'est toi!

ÉROS.

Tourne vers moi tes beaux yeux, ma colombe!

GLAUCÉ.

Non, va-t'en, je te hais. Ingrat! il a laissé
Dans les larmes l'enfant qu'il nommait sa Glaucé!
Trois jours si longs! trois jours mortels d'attente vaine!
Tout est fini, va-t'en.

ÉROS.

Ne parle pas de haine!
Ton sein, ton jeune sein frissonne de bonheur,
Glaucé, ta lèvre en feu s'ouvre comme une fleur,
Et sur moi, tout brillants de courroux, tes yeux mêmes
Se lèvent comme un ciel, tu vois bien que tu m'aimes!

(Depuis un moment, Gniphon est entré à pas de loup, et épie
les deux amants, tantôt s'avançant sur la pointe des pieds
pour tâcher d'entendre leurs paroles, tantôt se cachant dans
un buisson ou derrière un tronc d'arbre, quand il craint d'être
aperçu.)

Dis-les, dis-les encor, ces mots mélodieux
Qui me ravissaient!

GNIPHON, à part.

Bon. Voilà qui va des mieux.

GLAUCÉ.

Non, non, je veux guérir cette lâche faiblesse.

ÉROS, tendrement.

Et m'a-t-il épargné, le trait d'or qui te blesse?
Tiens, tiens, sens mon cœur battre et ma main tressaillir.

GLAUCÉ, faiblissant.

Non, laisse-moi, j'ai dit que je veux te haïr.

GNIPHON, à part, avec ironie.

Touchante amour !

ÉROS, à Glaucé.

J'irai mourir, si tu l'ordonnes.

(Avec câlinerie.)

Ma petite Glaucé, dis que tu me pardonnes !

(Tombant à genoux.)

Pose tes petits doigts sur mes cheveux flottants
Et parle.

GNIPHON, à part.

Prévenons Diane, il n'est que temps.

(Il sort, en menaçant du doigt Éros et Glaucé.)

GLAUCÉ, à Éros.

Que faisais-tu pendant ces trois jours, infidèle ?

ÉROS.

Écoutez-la, forêts, dites comme elle est belle !

GLAUCÉ.

Tu soupirais aux pieds d'une autre, n'est-ce pas ?

ÉROS.

Je t'aime, j'aimerai Glaucé jusqu'au trépas.

GLAUCÉ.

Puisque tu garderas le silence, —

ÉROS, admirant Glaucé.

O doux charmes !

GLAUCÉ.

Puisque tu n'es ému de rien, ni de mes larmes, —

ÉROS.

Ma Glaucé, mon cher cœur !

GLAUCÉ.

Ni de mes longs ennuis,
Ni des sanglots jetés à l'haleine des nuits,
Ni de ma douleur...

(A ce moment, les feuilles des arbres voisins s'agitent; Glaucé
épouvantée se rapproche d'Éros.)

Dieux! ce bruit dans la ramure!
Entends-tu ?

ÉROS.

Ce n'est rien. C'est le vent qui murmure.

GLAUCÉ.

Non, c'est un pas jaloux. Fuis, je t'aime!

ÉROS, tendrement.

Redis
Ces deux mots qui m'ont fait voir les cieux interdits!

(Éros et Glaucé parlent bas. Entre Diane, guidée par Gniphon,
dont le méchant visage rayonne de plaisir.)

GLAUCÉ, à Éros.

Hylas, je t'aime, cède à mon angoisse amère.

ÉROS, à part.

Ce sont eux.

(Il donne à Glaucé un baiser bruyant, qui est entendu par
Gniphon et par Diane.)

GNIPHON, voulant montrer Éros et Glaucé à Diane, qui hésite
à les regarder.

Les vois-tu, déesse ?

ÉROS, levant les yeux au ciel.

A moi, ma mère !

(Un myrte fleuri, courbé vers la terre, relève ses rameaux et
cache entièrement Éros. Au moment où Diane suit l'indica-
tion de Gniphon, Glaucé est rouge, confuse, tremblante,
mais seule.)

SCÈNE VI.

GLAUCÉ, DIANE, GNIPHON.

DIANE, à Gniphon.

Eh bien, que disais-tu ?

GNIPHON, confus.

Déesse, il était là
Planté. Comme un oiseau, sans doute, il s'envola.
Je l'ai vu, dis-je, vu, mais vu, ce qui s'appelle
Vu. Son bras gracieux entourait cette belle.
Il murmurait : « Cher cœur! » Il venait de poser
Son arc. Tu dois avoir entendu le baiser.

DIANE.

Misérable, va-t'en.

GNIPHON.

Oui, reine.

(A part.)

Cœur de marbre!

DIANE, avec un geste menaçant.

Va!

GNIPHON, montrant un arbre touffu, à part.

Je serai fort bien, pour tout voir, dans cet arbre !

(Il feint de sortir, et grimpe dans l'arbre, où il se blottit.
Diane entraîne Glaucé sur le devant de la scène, et là, la
tenant par la main et la dévorant du regard, lui parle à
demi-voix avec une vive émotion et une colère qu'elle ne
peut contenir.)

DIANE, à Glaucé.

Et toi, toi, maintenant, parle.

GLAUCÉ, à part.

Je meurs d'effroi !

DIANE, à Glaucé.

Parle, dis quel infâme était là près de toi ?

GLAUCÉ, balbutiant.

J'étais seule....

DIANE.

Ah ! tu mens, à présent. Toi si pure !
Ce bruit qui m'a frappée au cœur, comme une injure,
Ce baiser... car c'était un baiser, n'est-ce pas ?

GLAUCÉ, pâle de terreur.

Non, reine.

DIANE.

Si perfide ! Elle qui sur ses pas
Laissait comme un parfum de pudeur et de grâce !
Ce n'est pas un baiser ? Caches-en donc la trace
Au moins ! Dis-moi pourquoi ton front reste abattu ?
Pourquoi donc frémis-tu ? Pourquoi donc trembles tu ?
Réponds. Cette rougeur, d'où vient-elle ? Sans doute
La fatigue, le vent ? Parle donc, je t'écoute !

GLAUCÉ, suppliante.

Déesse !

DIANE.

Tes cheveux, qui les a dénoués ?
Une branche, en passant !

(Voyant des larmes dans les yeux de Glaucé.)

Ah ! les dieux soient loués !
Tu pleures ! Tiens, vois-tu mon visage ? Ta honte
L'empourpre ; ta rougeur à la face me monte,

Et ta faute cruelle a, comme un trait subtil,
Blessé mon propre sein. Mais que te disait-il?
Rien, vraiment! Ce baiser? un bruit dans le feuillage!
La brise! Non, Glaucé, ne mens pas davantage,

(Lui posant la main sur le cœur.)

Ces yeux mourants, ce cœur qui bat à se briser,
Ces pâleurs... tu vois bien que c'était un baiser!

GLAUCÉ, se jetant aux pieds de Diane.

Grâce! grâce! pardon.

DIANE, sévère.

Relève-toi.

GLAUCÉ.

Diane!

Entends-moi.

DIANE, exaltée.

Tu connais la loi qui te condamne.
Pour vivre près de moi loin de l'homme odieux,
Aux bois sacrés où sont empreints les pas des dieux,
Où le cygne en passant nous touche de son aile,
Je veux des cœurs plus purs que la neige éternelle
Des montagnes, plus froids que le troupeau glacé
Des étoiles. Suis-moi.

GLAUCÉ, entraînée par Diane, à part, avec désespoir.

Cher Hylas!

DIANE.

Viens, Glaucé.

(Elles sortent.)

SCÈNE VII.

GNIPHON, puis ÉROS.

(Gniphon attend que Diane se soit éloignée, puis il descend
de l'arbre avec précaution, et regarde partir Glaucé.)

GNIPHON, avec un soupir.

Elle s'enfuit, pareille à l'aube matinale !

(Envoyant des baisers à Glaucé.)

Adieu !

(Détachant sa flûte.)

Si j'essayais les chansons du Ménale?
Non. La déesse aux pieds d'argent, en vérité,
M'a traité comme un sot. Je l'ai bien mérité.
Mais par où ce larron d'Amour a-t-il su prendre
La fuite? Il était là. Je n'y puis rien comprendre,
A moins qu'il n'ait trouvé les ailes d'un oiseau,
Ou disparu sous les gazons comme un ruisseau,

(Montrant le myrte qui a dérobé Éros aux regards de Diane.)

Car il n'est pas entré dans ce myrte, peut-être !

(Les branches du myrte s'écartent et laissent voir Éros.)

ÉROS.

Si fait.

GNIPHON.

Te voilà donc, enchanteur?

ÉROS, s'avançant vers Gniphon.

Oui, mon maître.

GNIPHON.

Eh bien, tu l'as pu voir, ces bocages sont pleins
De surprises! Ris donc un peu.

ÉROS.

                    Que je te plains
D'être méchant! Tu peux être méchant! toi l'hôte
De la grande forêt charmante!

GNIPHON, avec accablement.

                        Est-ce ma faute?

ÉROS.

Comment?

GNIPHON.

    Vois-tu, j'ai trop souffert.

ÉROS.

                    Quelque devin
Dit-il qu'en Thessalie on manquera de vin?
Et le dieu qui sourit sous la peau de panthère
A-t-il quitté ces monts?

GNIPHON.

                Laissons-là le mystère!
Ami, tu veux savoir pourquoi j'ai des soucis?
Pourquoi pendant des jours entiers je reste assis
Sur des rocs hérissés de broussailles hautaines
A regarder mes pleurs couler dans les fontaines?
Un mot te le dira : je ne suis pas aimé.

ÉROS.

Peut-être que ton cœur était mal enflammé!

GNIPHON.

Lui, mal! Il se consume, il se calcine, il brûle!
Vénus en fusion dans mes veines circule.
L'orage m'a froissé comme un lys! Mon sang bout.

                                          2

ÉROS.

Ce feu n'attendrit pas les nymphes?

GNIPHON.

Pas du tout.
Mais moi, je meurs, ami. Je fuis, le cœur en flamme,
A travers la nature, où pour moi tout est femme!
La source chante, et l'arbre, attendri par mes vœux,
Sur mon front pâlissant fait traîner ses cheveux.
Je vais, tantôt glacé, tantôt brûlant de fièvre,
Et, tremblant, éperdu, je voudrais, sous ma lèvre
Qui tourmente au hasard la flûte de roseau,
Tenir l'azur, tenir la fleur, tenir l'oiseau,
Et donner, quand la Nuit agite ses grands voiles,
De longs baisers d'amour à toutes les étoiles!

ÉROS.

Et jamais une nymphe émue, enfant encor,
Dont les cheveux flottants sont comme un brouillard d'or,
N'a penché vers ton front ses deux lèvres de rose,
Et, comme un jeune oiseau sur les branches se pose,
N'a fait frémir le lit de mousse où tu dormais
En effleurant tes yeux d'un souffle pur?

GNIPHON.

Jamais.

ÉROS, ironiquement.

Quoi! se peut-il!

GNIPHON.

La chose est difficile à croire,
Mais je suis véridique enfin, c'est de l'histoire!
Malgré ce teint vermeil et ces blancheurs de lait,

Fait bizarre! on me fuit comme si j'étais laid!
Si je poursuis Phyllis en criant qu'elle est belle,
Elle court à grands pas vers son troupeau qui bêle,
Les naïades des eaux se cachent quand je sors,
Bref, il est évident qu'on m'a jeté des sorts!
Conseille-moi. Veux-tu me tracer une ligne
De conduite?

ÉROS.

Iacchus aime la jeune vigne;
Le coudrier est cher à la blanche Phyllis;
La naïade à l'œil glauque aime à cueillir des lys;
Le laurier glorieux, que garde une Chimère,
Plaît à Phœbus; le myrte en fleurs plaît à ma mère;
Le rouge automne plaît aux bouviers diligents;
Les belles aux bras nus plaisent aux jeunes gens,
Et toi, tu ne plais pas aux belles, je m'en lave
Les mains.

GNIPHON.

Conseille-moi, je serai ton esclave!

ÉROS.

Eh! que puis-je?

GNIPHON.

Il me faut ce qui soumet les cœurs,
Les sucs mystérieux que l'art des enchanteurs
Distille.

ÉROS.

Quoi?

GNIPHON.

Ma joie étonnera l'aurore!
Un philtre seulement, Éros, et je t'adore!

ÉROS.

Ah! les philtres qui font aimer!

GNIPHON, affriandé.

Oui.

ÉROS.

Tu les veux?

Eh bien, connais-les donc, ce sont les blonds cheveux
Épars, et dans lesquels le vent libre se joue,
C'est le courage au cœur, c'est le sang à la joue,
C'est l'ardeur pour la guerre et les nobles travaux,
C'est une main habile à dompter les chevaux,
C'est une âme éveillant le doux luth qui soupire,
C'est la passion folle, ivre de son délire,
Enfin, c'est l'amour même, effaré, triomphant,
Balbutiant des mots chéris comme un enfant,
Et puis lançant la foudre avec un bruit d'orage.
Mais toi, vil, tout gonflé d'une impuissante rage,
Les nymphes au beau front s'enfuiront de tes bras,
Riant de ton cœur lâche, et toujours tu seras
L'objet de leur dédain et de leur raillerie!

GNIPHON, terrifié et suppliant.

Amour!

(On entend le bruit lointain des cors.)

ÉROS, prêtant l'oreille.

Silence.

(A part.)

Toi, reine de la féerie,
Diane, chasseresse aux pieds d'argent, ce cor
C'est un défi, cruelle, et c'est ta voix encor!
Tu me hais, tu me hais. Prends garde à toi, je t'aime.

GNIPHON, de même.

Amour !

ÉROS.

Adieu, Gniphon.

(Il sort, en continuant de prêter l'oreille au bruit du cor.)

SCÈNE VIII.

GNIPHON, puis EUNICE et MÉLITE.

GNIPHON, de même.

Amour !

(Se regardant au ruisseau.)
J'en suis tout blême !

Comme il m'a dit mon fait !

(Avec exaspération.)
J'aurais attendu, mais

Hélas ! n'être jamais aimé, jamais, jamais !
C'est affreux ! Le crapaud lui-même a sa femelle.
Pourtant, ô solitude où chante Philomèle,
Buissons ! que cela doit être bon de pouvoir
Croquer à belles dents ces fillettes ! de voir
Le sourire qui sur leur lèvre en feu va naître !
De leur dire tout bas : « Je t'aime ! » d'être maître
De leur petit bras blanc et de leur joue en fleur,
De leur petite main si mignonne, de leur...

(Entendant du bruit dans le feuillage.)

Silence ! quelqu'un vient par là. Non, je me trompe.
Quand mon cœur bat ainsi, j'ai peur qu'il ne se rompe !

2.

Ianthé! Nisa! Doris! Ényo! j'en connais
De ces oiseaux de neige... Ah! si je les tenais!

> (A ce moment, Eunice entre, pensive, plongée dans une rêverie
> profonde, et se parle à elle-même, sans voir Gniphon qui
> la dévore des yeux.)

EUNICE, se parlant à elle-même.

Il la nommait son cœur, son trésor, son amante.
Maintenant ma Glaucé gémit et se lamente,
Et Diane l'exile à jamais. Pauvre sœur!
Je la perds. Tout cela pour ce jeune chasseur.
Je voudrais seulement le voir sans être vue,
Et puis je m'enfuirais. Une peine inconnue
Me tourmente, je ris, je me laisse enivrer
Par le parfum des fleurs. Oh! c'est bon de pleurer!

> (Elle cherche du regard et du geste dans tous les buissons.)

Il n'est plus là. Cherchons encore.

GNIPHON, regardant Eunice.

Quelle aubaine!
Quinze ans, des mains de lys et des cheveux d'ébène!

> (Eunice sort et Gniphon va pour s'élancer vers elle, mais au
> même instant entre Mélite de l'autre côté de la scène. Sa
> pantomime exprime qu'elle est animée des mêmes senti-
> ments que sa sœur. Comme elle, elle cherche dans les
> buissons et sous les ombrages le jeune chasseur qui a causé
> le malheur de Glaucé.)

MÉLITE, se parlant à elle-même.

Cherchons bien.

GNIPHON, apercevant Mélite.

Des cheveux couleur d'or et de miel!

> (Mélite sort et Gniphon va pour la poursuivre, mais il hésite
> entre Eunice et Mélite, et regarde alternativement les deux
> chemins par où les nymphes ont disparu.)

Ici l'enfer m'attire, et par là c'est le ciel
Qui s'ouvre. Par ici la brune, ici la blonde.
Il faut ourdir un plan dans ma tête profonde.
Montrons, il en est temps, le coup d'œil d'un gerfaut!
Une fée! un démon! deux femmes! Il m'en faut
Une, en dépit des dieux, et malgré leur séquelle.
Où les poursuivre? A droite? à gauche? Vers laquelle
Irai-je? Vers la blonde. Elle a les bras plus ronds.
Mais la brune pourtant...

> (Mélite paraît de nouveau, laissant voir seulement sa tête
> entre les feuillages, et disparaît rapidement, comme dans
> un éclair. Gniphon s'élance du côté où a paru Mélite.)

J'en tiens une. Courons!

FIN DU PREMIER ACTE.

ACTE DEUXIÈME.

Même décor.

SCÈNE PREMIÈRE.

EUNICE, MÉLITE, GNIPHON.

Entrent tour à tour Eunice et Mélite, chacune préoccupée et se parlant à elle-même. Gniphon arrive longtemps après elles, essoufflé, hors d'haleine et toujours courant. Pendant tout le dialogue des nymphes, et jusqu'à ce qu'il se mêle à leur conversation, Gniphon exprime par une pantomime effrénée l'ardeur de son admiration pour elles.

EUNICE, entrant, à elle-même.

Il lui baisait les mains, Diane est furieuse.
Il disait : « Mon cher cœur ! » Si j'étais curieuse
Pour un peu, je voudrais voir de près ce méchant.

MÉLITE, entrant, à elle-même.

Il lui parlait tout bas, tout bas en se penchant
Vers elle, d'une voix tendre et mystérieuse.
Il lui baisait les mains, Diane est furieuse.
Pauvre Glaucé !

EUNICE, apercevant Mélite.

Mélite !

MÉLITE.

Eunice !

EUNICE.

J'ai perdu

La chasse.

MÉLITE.

Comme moi. Ce tumulte éperdu

Me lassait.

EUNICE.

Comme moi.

MÉLITE.

J'ai voulu faire un somme

Sur l'herbe.

EUNICE, prenant tout à coup son parti.

Cet enfant, Mélite, ce jeune homme
Qui disait à Glaucé tous ces mots si vilains,
Penses-tu que ce soit un amant? Je la plains.

MÉLITE.

C'est un amant, ma sœur. De si vilaines choses!
Je la plains.

EUNICE.

Il paraît qu'il a les lèvres roses.

MÉLITE, près de pleurer.

Toutes roses.

EUNICE.

L'œil vif.

MÉLITE.

De jolis cheveux blonds.

EUNICE, soupirant très-fort.

Très-jolis.

MÉLITE.

Un bras blanc.

EUNICE.

Des mains de femme.

MÉLITE.

Allons

Trouver Diane.

EUNICE.

Allons, Mélite.

MÉLITE.

Allons, Eunice.

(Entre Gniphon ; il arrive en courant, tout essoufflé.)

GNIPHON, au fond du théâtre, à part.

Enfin, je les retrouve! il faut que j'en finisse.
Oh! je suis essoufflé.

MÉLITE, à Eunice.

Viens-tu ?

GNIPHON, à part.

L'air de ces monts

Est vif.

EUNICE.

Viens-tu, Mélite?

GNIPHON, à part.

Il gonfle les poumons.

EUNICE, à Mélite, tristement.

Oh! vois-tu, ce jeune homme est parti.

MÉLITE.

Sans nul doute

Il est parti.

EUNICE.

Bien sûr. Il s'est remis en route.

MÉLITE.

Son projet criminel a si mal réussi !

EUNICE.

Il est bien loin.

GNIPHON, s'avançant tout à coup entre les deux nymphes, avec importance et fatuité.

Non pas. Le coupable est ici !

EUNICE, dévisageant Gniphon.

C'était toi ! Quel dommage !

MÉLITE, riant.

Ah ! ah ! ah ! la vilaine

Figure !

EUNICE, riant.

Sur son front on dirait de la laine.

MÉLITE.

Et sa joue !

EUNICE.

Un parterre en pleine floraison !

MÉLITE, soupirant.

Glaucé fut bien coupable, et Diane a raison.

EUNICE, prenant le bras de Gniphon, et l'entraînant à l'écart.

Un mot ?

GNIPHON, *galamment.*

Deux !

EUNICE.

C'est pour toi que notre Glaucé pleure
Tant de pleurs amers ?

GNIPHON.

Oui.

EUNICE.

C'est toi qui tout à l'heure
Lui parlais ?

GNIPHON.

C'est moi. J'eus pour elle des bontés.
Alors je n'avais pas vu tes yeux enchantés,
Qui désormais auront Gniphon pour satellite !

(Bas, à Mélite, qui s'est approchée aussi.)
Glaucé ne m'est plus rien, et j'adore Mélite.

EUNICE, *bas, à Gniphon, en le tirant par le bras.*
Qu'a-t-elle ?

GNIPHON, *bas, à Eunice.*
Rien.

(A part.)
Soyons criminel jusqu'au bout !
(Bas, à Mélite.)
Prends mes vergers, mes bois, mes fruits, mes fleurs, prends tout !
(Bas, à Eunice.)
Blanche Eunice, je suis à toi.

(Bas, à Mélite.)
Je me consacre

A toi.

(Bas, à Eunice.)

J'aime ton front.

(Bas, à Mélite.)

J'aime tes dents de nacre.

EUNICE, bas, à Gniphon.

Es-tu fidèle ?

GNIPHON, bas, à Eunice.

Comme une colombe.

MÉLITE, bas, à Gniphon.

Es-tu

Fidèle ?

GNIPHON, bas, à Mélite.

Comme deux colombes. J'ai battu
Des gens que je voyais mentir à leur maîtresse.
(A part.)
Tant pis!

(Bas, à Mélite.)

A toi, ma nymphe!

(Bas, à Eunice.)

A toi, ma chasseresse!

MÉLITE, bas, à Gniphon.

Que lui dis-tu ?

GNIPHON, bas, à Mélite.

Moi ? Rien. Elle a les cheveux noirs
Comme ces lourds raisins que foulent nos pressoirs !

EUNICE, bas, à Gniphon.

Tu lui parles !

GNIPHON, bas, à Eunice.

Jamais. Un front de clair de lune !

3

(Bas, à Mélite.)

Je te veux, jour doré !

(Bas, à Eunice.)

Tu m'appartiens, nuit brune.

MÉLITE, haut, à Eunice.

Eunice, que dit-il ?

EUNICE, haut.

Il m'aime. Il n'aime pas

Les blondes.

MÉLITE, feignant d'être piquée.

Ah !

GNIPHON, confus, à Mélite.

Permets !

MÉLITE, haut.

Il chérit mes appas.

EUNICE, même jeu.

Ah !

GNIPHON.

Permets !

MÉLITE.

Il nous trompe !

EUNICE.

Il faut qu'il se décide.

MÉLITE.

Hypocrite !

EUNICE.

Méchant !

MÉLITE.

Traître !

EUNICE.

Menteur !

MÉLITE.

Perfide !

EUNICE.

Il nous raille !

MÉLITE.

Il lui faut la grappe et les épis !

EUNICE.

Les deux sœurs !

GNIPHON, exalté.

Eh bien oui, toutes les deux, tant pis !

Pourquoi pas ?

(Montrant une branche de rosier sur laquelle on voit deux fleurs
épanouies.)

Ce rameau porte bien deux corolles !
L'homme a deux yeux, deux bras, deux jambes... deux paroles,
Deux enfances ; le ciel a le jour et la nuit ;
L'univers a deux voix, le silence et le bruit ;
L'éther vaste a deux yeux : le soleil et la lune,
Et la terre au flanc noir porte deux robes, l'une
De fleurs, l'autre de neige. Ici-bas l'univers
A deux immensités : les bois touffus et verts
Et la mer soucieuse aux vagues écumantes.
Enfin, tout est par deux : moi, j'aurai deux amantes !
Lyre et syrinx, duo rare et mélodieux,
Vous bercerez mes jours dorés. Merci, mes dieux !
L'une par sa douceur calmera mon martyre,
L'autre le causera ; l'une me fera rire
Et l'autre me fera pleurer ; chacune aura

Gniphon ; j'aimerai l'une et l'autre m'aimera.
Tel, sur vous deux mon sort brillant jette son lustre !
Quelle églogue !

EUNICE.

Le sot !

MÉLITE.

Le satyre !

EUNICE.

Le rustre !

MÉLITE.

Il faut lui barbouiller son œil rouge et tremblant, —

GNIPHON, qui n'a pas entendu, avec fatuité.

Cher trésor ! que dit-elle ?

EUNICE.

Avec le jus sanglant

De l'hièble, —

MÉLITE.

Et ce front, qui fait tant de ravages, —

EUNICE.

Avec des raisins noirs...

MÉLITE.

Et des mûres sauvages.

(Eunice et Mélite cueillent des raisins et des mûres sauvages,
et, riant follement, barbouillent le front et le visage de
Gniphon, qui cherche en vain à se défendre et à les embrasser.)

EUNICE, barbouillant le visage de Gniphon.

Tiens, Adonis !

MÉLITE, à Gniphon.

Adieu, vieillard.

EUNICE.

Adieu, charmant
Jeune homme.

MÉLITE.

Adieu, lys !

EUNICE.

Perle !

MÉLITE.

Étoile !

EUNICE.

Diamant !

MÉLITE.

Rayon !

GNIPHON, extasié.

Couronnez-moi de myrte et d'asphodèle !

EUNICE.

Adieu, rossignol !

MÉLITE.

Brise !

EUNICE.

Alouette !

MÉLITE.

Hirondelle !

EUNICE.

Colombe !

MÉLITE, faisant la moue à Gniphon.

Adieu, chouette!

EUNICE, même jeu.

. Adieu, hibou!

(Les nymphes s'enfuient en riant et en raillant Gniphon, qui
continue à se laisser bercer par son rêve. A ce moment,
Éros paraît, s'avance légèrement derrière Gniphon, et lui
frappe sur l'épaule.)

SCÈNE II.

GNIPHON, ÉROS.

ÉROS.

Dis-moi

Merci, Gniphon.

GNIPHON, comme éveillé en sursaut.

Comment?

ÉROS.

Pleine d'un vague effroi,
Mélite aux blonds cheveux, dont le bras blanc enlace
Eunice, me cherchait. Je t'ai cédé la place.

GNIPHON.

Elles venaient pour toi, c'est vrai. Tu le savais!
Ah! c'est bien! Je m'en veux d'avoir été mauvais,
Et je redeviens bon, sans crainte de rechute!
Ami, pardonne-moi. Je t'aime.

(Détachant la flûte qu'il porte au cou et la tendant à Éros.)

Prends ma flûte.

ÉROS.

Merci. J'en ravirai l'écho, ce doux moqueur.

(Il prend la flûte que lui tend Gniphon, et l'attache à son cou.)

GNIPHON, à part, avec étonnement et regret.

Il la prend !

ÉROS.

Mais dis-moi, satyre, amant vainqueur,
Entend-on par le bois soupirer tes victimes ?
Que me contait la brise, et qu'as-tu fait ?

GNIPHON, tragiquement.

Des crimes.

Je règne. Ces enfants m'aiment.

ÉROS.

Toutes les deux ?

GNIPHON.

Toutes les deux, ami. Que veux-tu, c'est hideux,
Je brave les serments, les lois, les mœurs, l'usage :
La faute en est aux dieux qui m'ont fait ce visage !

ÉROS.

Entre elles deux, choisis ; ne trouble pas deux cœurs.

GNIPHON.

Amour, il est trop tard, le sort a ses rigueurs.

ÉROS.

Choisis. La vanité sied mal aux cœurs d'élite.

GNIPHON.

Point. Je choisis Eunice et je garde Mélite.

ÉROS.

Cherche une seule nymphe et jouis des instants.
Sois un amant docile et tendre.

GNIPHON.

       Il n'est plus temps !
Je laisse aller mes jours au vent de la folie,
Je ne sépare pas ce que le hasard lie.
Mélite était avec Eunice; Eunice était
Avec Mélite. Aux cieux, le zéphyr voletait
Et des petits oiseaux faisait frémir les plumes.
Elles vinrent. Nous nous aimâmes. Nous nous plûmes.
Le bruit de nos soupirs, le bruit de nos serments
Enchantaient le feuillage et les ruisseaux dormants;
Le jour était vermeil, le bois plein de délice!
Qui pourrais-je choisir de Mélite ou d'Eunice ?
Eunice a les yeux bleus, Mélite a les yeux verts,
Mélite éveille en moi les strophes et les vers,
Mais la grâce d'Eunice en sa faveur milite;
Eunice m'idolâtre et j'adore Mélite!

ÉROS.

C'est étrange. On disait... — que le monde est méchant
Et que pour tout noircir il montre de penchant !
Un serpent mord toujours les mains victorieuses !

GNIPHON, inquiet et troublé.

Qu'est-ce encore ?

ÉROS.

      On disait que ces nymphes rieuses
T'avaient mis au supplice et traité de hibou,
Que sais-je? de chouette !

GNIPHON, navré, à part.

Oh! j'en deviendrai fou!

ÉROS.

Que la blanche naïade en glose, et que les faunes
Te raillent dans la plaine où croissent des lys jaunes.

GNIPHON, péniblement.

Mensonge! calomnie!

(Avec révolte.)

Et quand il serait vrai!
Si le nectar brûlant et pur dont j'enivrai
Ma lèvre par hasard, n'était que de l'eau claire.
Pourquoi me détromper, cruel, en ta colère!
Ah! vous autres les dieux, vous êtes étonnants!
Vous avez la montagne en fleur, les cieux tonnants,
L'éclair, les grands palais d'azur, dont les pilastres
Sont faits de diamants et de saphirs et d'astres;
Vous tenez dans vos mains la foudre et ses carreaux,
Et vous venez encore, ingénieux bourreaux,
Chez nous, à nos dépens courir les aventures
Et disputer leur joie aux pauvres créatures!
Je me révolte enfin. Qu'ai-je fait? Tu me nuis!
Tu railles mon veuvage affreux et mes ennuis!
Parce que ta Diane errante, que tu trouves
Si belle, met à mort des biches et des louves,
Parce qu'elle s'en va les pieds nus dans le thym,
Parce que ta déesse aura dès le matin
Mis sa robe couleur de rose ou fleur de soufre,
Il faut que j'en pâtisse! il faut moi que j'en souffre!
Si n'ayant rien aimé; nymphe aux jarrets de fer,

3.

Elle cache en son cœur les neiges de l'hiver.
Est-ce ma faute. dis, méchant Amour? C'est elle
Qui t'a chassé, pour rien, pour une bagatelle,
Et qui te hait. Je vis pauvre sous mon tilleul,
Triste, dédaigné, fauve, horrible, et je suis seul
Quand tout renaît, au mois délirant de la séve :
Je ne te dis plus rien, mais laisse-moi mon rêve!

ÉROS.

Gniphon !

GNIPHON, voulant partir.

Adieu.

ÉROS.

Je puis te consoler.

GNIPHON, avec amertume.

Merci !

Désarme ta Diane, objet de ton souci.
Laisse-moi.

ÉROS.

Si pourtant je cède à tes reproches ?

GNIPHON.

Point d'affaire. Je crains les présents de tes proches.
J'ai voulu voir de près les dieux, je m'en repens,
Et je retourne avec les loups et les serpents.
Pourquoi me voudrais-tu du bien ? Quel est mon crime?
Celle qui t'a chassé du grand festin sublime,
C'est Diane. Ce bois farouche est ma prison.
Donc, ne me verse pas ton miel et ton poison.
Lâche Amour, si tu veux chérir ce qui t'abhorre,
Retourne au bois, leurs cris y résonnent encore,

Et suis parmi l'horreur du meurtre et du trépas
Celle qui pour te fuir précipite ses pas.
Ta déesse a la haine au cœur bien affermie :
Va la fléchir !

(Il sort.)

SCÈNE III.

ÉROS.

Il a raison, mon ennemie
C'est Diane. C'est toi, vierge en fleur, mon trésor !
Mais, par ma mère blonde à la ceinture d'or
Qui fait grandir le myrte et qui tresse les âmes !
Par ces abris de mousse où nous nous reposâmes !
Par le vent qui dénoue en pleurant tes cheveux !
Fleur du cruel hiver, nymphe auguste, je veux
Qu'à ton tour, sur les monts éblouissants de neige
Tu frissonnes, en proie au tourment qui t'assiége,
Et que dans les déserts tu pleures à ton tour,
Chasseresse éperdue et tremblante d'amour !

(On voit la nuit tomber à demi, et le paysage s'effacer peu à peu.)

Mais la nuit vient. Au fond de la voûte azurée
L'aile sombre du soir s'étend démesurée,
L'ombre cache en croissant les pieds des arbrisseaux,
Et je vois à la fois au ciel et sur les eaux
Dont sa courbe brillante argente la surface,
L'arc de ma bien-aimée étendu sur l'espace !
Je te conjure, ô nuit suave, qui descends
Sur les coteaux parmi les feux incandescents !
Vous, lacs transis, moirés de sinistres lumières,

Je vous conjure, et toi qui ris dans les clairières,
Grande nature, abri du chasseur indompté,
Obéis-moi! Qu'un air chargé de volupté
Vole, et répande avec de magiques paroles
Le même embrasement, des ailes aux corolles!
Que tout aime!

(Détachant la flûte pendue à son cou.)

Silène, heureux magicien,

Assembla ces roseaux selon son art ancien.
La nymphe que les bois nomment avec mystère
Accourra par l'effet d'un charme involontaire
Au son de cette flûte. Éveillons ses accords.

> (Éros s'assied sur un banc de pierre, et joue sur la flûte de
> Silène un chant rêveur et passionné, auquel répond un bruit
> lointain de cors, presque étouffé. Puis il prête l'oreille et
> écoute attentivement.)

Rien. Là-bas c'est le bruit faible et mourant des cors.

> (Éros reprend sa flûte et continue le chant commencé.)

Je l'entendrai venir dans la nuit calme et douce,

> (Montrant un tertre revêtu de mousse.)

Et je me coucherai là sur ce tas de mousse,
Car elle ne doit voir qu'un enfant endormi
Sur ces gazons jonchés de roses, et parmi
L'agreste paysage au reflet poétique.

> (Éros se couche sur le tertre. La nuit tombe tout à fait. La lune
> se lève.)

L'astre pâle apparaît; sa lueur magnétique
Scintille, et, comme l'aube au mur d'une prison,
Blanchit ce cachot noir qu'ils nomment l'horizon!
Un parfum d'ambroisie inonde la ravine.
C'est elle. Contiens-toi, mon âme!

> (Éros ferme les yeux et feint de dormir. Le paysage tout entier

est dans l'ombre. Le visage seul d'Éros brille, éclairé par la lune
d'une lueur argentée. Diane entre, accourant, comme par une attrac-
tion magnétique, au son de la flûte d'Éros.)

SCÈNE IV.

ÉROS, DIANE.

DIANE, à elle-même et sans apercevoir Éros.

La divine
Musique! Ravissant les monts aériens,
Malgré moi ce doux bruit m'attirait, et je viens!

(En proie à un trouble qu'elle ne peut définir.)
Personne. Ai-je rêvé? Que la nuit est brûlante!

(Elle détache le cor pendu à sa ceinture et le pose sur un rocher.)
D'où vient que regardant la nue étincelante,
Je soupire? D'où vient que mes yeux furieux
S'épouvantent de voir les étoiles des cieux,
Que je m'égare seule, ayant laissé mes armes,
Et que, pâle d'horreur, je bois l'eau de mes larmes?
Je pleure ton parjure, infidèle Glaucé!
Le poison que je bois, c'est toi qui l'as versé.
La haine est dans mon sein. Le feu qui me dévore
C'est le courroux. Hélas! pourquoi mentir encore?

(Avec égarement.)
Non, ce n'est pas la haine! O toi, qui me poursuis,
Quel es-tu? Connais-tu ma peine et mes ennuis!
Celle dont le glacier vierge était le royaume
Tremble, pâle victime éprise d'un fantôme.

(Apercevant Éros endormi sous le rayon de lune. Avec effroi.)

La vision, toujours !

> *(S'approchant du banc de mousse et distinguant le visage d'Éros.)*

         Un enfant ! Qu'il est beau !
Doux incarnat de rose ! Oh ! jamais le flambeau
De la nuit n'éclaira des formes si divines !
C'était lui, c'était lui, mon cœur, tu le devines,
Que me montrait toujours la blanche vision !
Ce fantôme charmant de mon illusion
Était là, près de moi, dormant dans la ravine,
Et c'est pourquoi tu bats si fort dans ma poitrine !

> *(Regardant Éros avec passion.)*

Il est là, radieux, apaisé, triomphant.
Oh ! donner un baiser chaste à ce front d'enfant,
Et mourir ! Mon secret dans le bois qui frissonne
Restera. Qui jamais peut le savoir ? Personne.
Quant à lui, mon pouvoir empêche, si je veux,
Qu'il ne s'éveille. O dieux ! sur l'or de ses cheveux
Poser ma lèvre, et puis... Ah ! qu'ai-je dit ! ruisselle
Encor, source des pleurs,

> *(Avec accablement.)*

       je suis une immortelle !

> *(Entraînée malgré elle vers Éros.)*

Fuyons. Je n'irai pas. Je ne veux pas. Je suis
La divinité morne et farouche des nuits,
Qui teint ses mains de sang en son mâle délire !

> *(Luttant en vain.)*

Fuyons. Je ne peux pas. Non, mon cœur se déchire !

> *(Exaltée et transfigurée, les yeux au ciel.)*

Eh bien, voile-toi donc, lumière ! Voilez-vous,

Flammes, clartés, flambeaux, regards du ciel jaloux!
Astres qui de l'azur brûlant fixez en foule
Sur moi vos yeux railleurs, éteignez-vous! Je foule
Aux pieds ma froideur sainte et ma divinité,
Et pour me repentir j'aurai l'éternité!

(Les yeux tendrement fixés sur Éros.)

Sur son visage l'ombre errante du platane
Rit. Ne t'éveille pas, divin enfant!

(Elle s'approche d'Éros endormi et lui baise le front. Éros, ces-
sant de feindre, se jette aux pieds de Diane.)

ÉROS, à genoux.

Diane,
Je t'adore!

DIANE, avec un cri déchirant.

Ah! perdue!

ÉROS, suppliant.

Écoute-moi!

DIANE, éperdue, immobile, farouche et comme foudroyée par sa
douleur.

Pleurez,
Solitudes! Maudis tes attributs sacrés,
Chasseresse!

(Avec une ironie désespérée.)

Pour toi la neige était impure!
Et, vierge, tu trouvais au lys une souillure,
Foulant avec mépris l'éther surnaturel!
Et l'aigle est moins rapide à monter vers le ciel
Qu'à monter à ton front la rougeur n'était prompte
Alors! nymphe orgueilleuse, à présent bois ta honte!

ÉROS, humble et repentant.

Diane!

DIANE, avec le même accent farouche.

Laisse-moi. Va! laisse-moi pleurer!
Laisse mon sein gémir et mon cœur s'ulcérer.
Homme, ne trouble pas mon angoisse suprême.
Maudite, désolée, en horreur à moi-même,
Blessée enfin d'un mal que rien ne peut guérir,
Je me hais. Que peux-tu d'ailleurs?

ÉROS.

                 Je puis mourir.
Mais, nymphe, sur le pauvre enfant que tu détestes
Tourne encor sans courroux ces deux astres célestes!
Approche, et sous l'éclair enivrant de tes yeux
Je mourrai...

(Avec effort.)

      sans regret!

DIANE, qui trahit son secret par un cri passionné.

              Mourir! Toi! Justes dieux!

ÉROS.

Mais sache auparavant quelle flamme dévore
Le printemps de ma vie, et combien je t'adore!
Je suis Endymion; un berger fils de roi.
Diane, le soleil de mon âme, c'est toi!
La nuit, lorsque ton char de diamant s'élance
Dans l'infini, je cours au bois plein de silence.
Dans les plis des rochers hideux, où se suspend
La ronce, je me glisse et j'avance en rampant.
Je suis ta chasse errant sous les blancheurs de lune.
Tes nymphes au hallier sauvage ou sur la dune

Te précèdent. Enfin, sur le gazon naissant
Tu parais, jeune et svelte et le pied bondissant.
Je cherche dans tes yeux le vol de tes pensées
Noires d'ombre et d'azur. Les étoiles glacées
Admirent en fuyant l'héroïque rougeur
De ton front virginal ; et moi, pâle, songeur,
Ébloui de rayons, sentant croître la fièvre
Qui me brûle, je vois de loin briller ta lèvre
Dédaigneuse, aux clartés de ton astre changeant.
Cette lumière rose et ces flammes d'argent
Se confondent ensemble et m'emplissent de joie.
Mon regard allangui dans tes cheveux se noie.
Sur tes pas, épiant alors chaque détour,
Je marche déchiré d'épouvante et d'amour,
Et je te suis !

DIANE.

Fuis-moi, cruel enfant. Oublie
Tout, mes pleurs, mes sanglots, mon crime et ta folie !
Une autre, quelque reine, enfant thessalien,
T'aimera, jeune, libre, hélas ! de tout lien,
Et plus belle que moi.

ÉROS.

Toi seule es à la taille
De mon cœur ! Où te fuir, dis ? Où veux-tu que j'aille
Pour oublier ? Quels pleurs de la nue éteindront
Le feu de ton baiser, qui brûle encor mon front
Tout parfumé du souffle adoré de ta bouche ?
Dis, quel antre assez noir et quel désert farouche
Éteindra dans son ombre où nul n'a pénétré
L'ardente soif d'amour dont tu m'as altéré ?

DIANE.

Eh bien, je quitterai ces forêts, mon asile.
Ces chers abris sacrés, c'est moi qui m'en exile !

ÉROS.

Non, où tu t'en iras, je m'en irai ! Je suis
L'ombre de ta pensée avide, et je te suis !
Je te suis ! Si tu vas sous les vagues humides
Au fond des palais verts où sont les néréides,
Je te suivrai dans l'onde où les gouffres amers
Se plaignent ! Si tu vas jusque dans les enfers,
J'irai, tenant la lyre, et pour le roi barbare
Mêlant ma strophe en pleurs aux sanglots du Tartare !
Et si, lançant dans l'air ton vol démesuré,
Tu t'en vas jusqu'au fond de l'éther azuré
Où ruissellent, parmi l'immensité perdues,
Les étoiles, comme un lait divin répandues,
J'irai devant les dieux enivrés de nectar
Me coucher sous la roue ardente de ton char !
Tu vois que je suis fou ; tu m'entends, je blasphème !
Frappe. Venge-toi.

DIANE.

Non, malheureuse, je t'aime !

ÉROS.

Diane !

DIANE, luttant contre elle-même.

Mais je veux étouffer dans mon sein
L'hydre qui le déchire et l'amour assassin !
Aimer ! Qui ? Moi la nymphe auguste aux bras d'ivoire !
Moi la guerrière, ô dieux ! je flétrirais ma gloire !

O Thessalie en deuil, j'ai tant de fois juré
Par le Cnémis où gronde un vent désespéré,
Et par la grande nuit où le Titan se cache,
Et par l'Œta couvert d'une neige sans tache,
J'ai juré tant de fois de garder endormi
Le soupir de mon cœur, et de rester parmi
Les noirs Olympiens, en proie aux bacchanales,
Pure et blanche au milieu des splendeurs virginales !

   (Avec une sombre rêverie.)

Et que de fois au ciel errant et voltigeant,
Ma pensée a juré par les astres d'argent
Calmant à leur douceur mes peines assoupies,
De rester un lys, froid comme eux !

    ÉROS, avec feu.

        Serments impies !
Entends les rossignols qui chantent leurs amours !
Entends : l'herbe et la mousse ont de charmants discours !
Vois dans l'immensité souriante et sereine
Les astres ; c'est l'amour vivant qui les entraîne.
C'est par lui que la rose, âme des nuits d'été,
Ouvre son grand calice ivre de volupté.
Vois sur le ruisseau clair et sur les eaux stagnantes
S'agiter par essaim des ailes frissonnantes ;
Elles savent pourquoi tout s'embrase, et l'amour
Leur a dit que le mois des fleurs est de retour.
Vois briller la rosée, et sur les herbes folles
Étinceler le corps doré des lucioles
Qui rhythment les sillons de leurs ailes de feu.
Une lueur d'argent enveloppe l'air bleu,
Et tout te dit d'aimer et tout te dit de vivre.

Et cette ombre et l'odeur des feuilles qui t'enivre,
Et la rose qui trône au milieu de sa cour,
Ces pleurs, ces bruits, ces voix, ces parfums, c'est l'amour !
Je t'aime !

DIANE, tremblante.

Endymion, ne me dis plus ces choses !

ÉROS.

Je t'aime ! Ce baiser qui de tes lèvres roses
Voltigea sur mon front tandis que je dormais,
Chère âme, laisse-moi te le rendre !

DIANE, faiblement.

Jamais !
Je ne veux pas.

ÉROS.

L'amour pour l'éternité lie
Nos âmes.

DIANE.

Laisse-moi partir, je t'en supplie.
Dis, par pitié !

ÉROS.

Vois-tu, l'amour seul est divin,
Et gloire, autels, rayons, lauriers, le reste est vain.

DIANE, presque vaincue.

Non, tais-toi.

ÉROS.

L'amour seul est doux, ma bien-aimée.
Tu soupires !

DIANE, voulant s'enfuir.

Adieu.

ÉROS, prenant la main de Diane et en même temps embrassant
amoureusement sa taille.

Vois, ta main désarmée
Brûle et tremble; ton sein frémit; tes yeux errants
S'alanguissent, voilés de larmes et mourants;
Tu te sens défaillir et le sang abandonne
Ta lèvre pâlissante. O fille de Latone,
Ta voix harmonieuse est comme un chant d'oiseau;
Ton col penche, lassé; ta taille de roseau
Sur mon bras glisse et ploie ainsi qu'une liane :
C'est l'amour !

DIANE, vaincue.

Non, tais-toi !

ÉROS.

C'est l'amour !

(Il met un baiser ardent sur le col de Diane qui ne résiste plus.)

Ma Diane !

DIANE, se laissant tout à fait aller dans les bras d'Éros.

Avec passion.

Mon Endymion !

(Au moment où Diane prononce ces mots, on entend retentir
un rire bruyant et ironique. Gniphon paraît et contemple
avec une joie méchante le groupe formé par Éros et Diane.)

SCÈNE V.

ÉROS; DIANE, GNIPHON.

GNIPHON, d'un ton insultant.

Bien. Chantez encor. J'en ris
Follement! L'air est tendre et les mots sont fleuris.
J'y prends plaisir. Voilà comme on écrit l'histoire !

On dit partout : « Diane au torrent s'en va boire!
Sur le mont chevelu par la neige brûlé,
Elle offre aux ouragans son front échevelé!
Elle cherche l'horreur des forêts. » C'est risible.
Diane au carquois d'or, Diane l'invincible
Courtise Endymion, berger, qui se défend!
Qui donc? Endymion! Non pas. Car cet enfant
C'est Éros, c'est le dieu sauvage d'Idalie!

       (Diane fait un geste de surprise désespérée.)

Éros avec Diane! Oh! la bonne folie!

       (Avec une rage enfantine.)

Ah! l'on n'avait pas vu cette merveille encor!
Je me venge.

       (Montrant le cor d'ivoire que Diane a posé sur un rocher.)

       Et d'abord je vais prendre ce cor, —

       (Il prend le cor et le porte à ses lèvres.)

Et puis j'en sonnerai, —

       (Il sonne du cor.)

       Comme ceci.

       (A Diane.)

       Tes blanches

Guerrières, sur leurs pas déchirant les pervenches,
Accourront, et Gniphon dira tout. « Quoi! vraiment!
Feront-elles, Diane! elle avait un amant! »
Alors tu subiras, ô bonheur ineffable!
Leur raillerie amère, et tu seras la fable
De l'Olympe, et demain les immortels vermeils
Pourront à leur festin farouche, où les soleils
Suspendus au plafond servent de luminaires,
Avec leur rire immense éveiller les tonnerres.

DIANE, à part, avec des sanglots étouffés.

Éros! lui!

(A Éros, avec colère.)

Va, cruel. Que tes pleurs, dévorés
Dans l'exil, pour ta mère aux longs cheveux dorés
Soient un supplice!

(Éros tend vers Diane ses mains suppliantes, mais elle le
chasse d'un geste impérieux. Il s'enfuit désespéré et
retenant ses larmes.)

GNIPHON, poursuivant de son sarcasme Éros qu'on ne voit plus.

Va célébrer ton martyre!

(Revenant vers Diane, et raillant, avec un rire méchant.)

Il en tient, le méchant, le traître!

DIANE, froide et implacable.

Vil satyre,
Tu t'es mêlé parmi les dieux étourdiment,
J'imagine. Reçois ton juste châtiment.
Puisqu'à la dureté cette âme s'évertue,
Qu'elle soit marbre dur et froid. Deviens statue.

(Un coup de tonnerre retentit, et Gniphon, dont le visage exprime une désolation indicible, est changé en une statue
de marbre à gaine, qui reproduit en les immobilisant
son méchant sourire et ses traits grotesques.)

DIANE, avec mélancolie.

Oublie enfin! Mais moi, qui chéris mon affront,
Moi, quel zéphyr glacé rafraîchira mon front!

(Les nymphes paraissent, attirées par l'appel du cor de Diane.)

SCÈNE VI.

DIANE, GLAUCÉ, EUNICE, MÉLITE,
puis ÉROS.

DIANE, à part.

Éros! Éros !

MÉLITE, entrant avec Eunice et Glaucé.

Du haut des monts à crête noire
Nous accourons, déesse, au bruit du cor d'ivoire
Et nous avons laissé tes nymphes près d'ici.

EUNICE.

Voici l'aube.

MÉLITE.

Déjà dans le ciel éclairci
Monte joyeusement une flamme rosée.

EUNICE.

Le ruisseau resplendit.

MÉLITE.

La terre est arrosée.

EUNICE.

L'herbe frémit, l'air pur est parfumé de thym.

MÉLITE.

L'alouette s'éveille aux champs.

EUNICE.

C'est le matin.

Il faut partir.

(Diane a semblé ne pas entendre les paroles de Mélite et
d'Eunice. Elle est restée immobile, l'œil fixe, et comme
absorbée par une pensée secrète. Comme elle, Glaucé garde
un morne silence. Enfin Eunice et Mélite remarquent la
rêverie de Diane, et parlent tout bas entre elles.)

MÉLITE, montrant Diane à Eunice.

Vois donc. On la dirait perdue

En un songe.

EUNICE, bas à Mélite.

Ses yeux parcourent l'étendue
Et semblent près de nous chercher quelqu'un d'absent.

MÉLITE, bas à Eunice.

On dirait qu'en ces lieux un charme tout-puissant
La tient captive.

DIANE, à part.

Éros!

(Éveillée tout à coup et comme en sursaut par son propre cri,
Diane s'apprête à partir avec ses nymphes. Au moment où
elles vont gravir le coteau, entre Éros, beau, triomphant.
tenant à la main son grand arc d'or, coiffé du bonnet phry-
gien, et portant sur son épaule la dépouille du lion de
Némée. Il s'avance fièrement, le regard assuré, puis il
vient s'agenouiller devant Diane, dans une attitude pleine
à la fois d'orgueil et de respect.)

ÉROS, à Diane.

Aux clartés de l'aurore
Rougissante, un coupable au cœur tremblant implore

Ta pitié, car l'exil courbe son front si fier.
Ah! conjure pour lui le puissant Jupiter!
Ne l'abandonne pas dans la vallée amère
Des hommes, et rends-lui les baisers de sa mère!
Celui qui te supplie à genoux en ce lieu,
C'est le nocher fatal de Cypre; c'est le dieu
Superbe, qui jamais n'a supplié personne!
C'est le sanglant chasseur, dont le carquois résonne
De flèches d'or; celui que révère Ilion
Et qui dompte les dieux cruels et le lion.
C'est le vainqueur d'Alcide à la trace enflammée,
Qui porte la dépouille horrible de Némée.
Il t'implore!

MÉLITE, suppliant Diane.

Diane, il périrait d'ennui!
Pardonne-lui!

EUNICE.

Son front est doux, pardonne-lui.

MÉLITE.

C'est un enfant!

EUNICE.

D'ailleurs, n'es-tu pas la plus forte?

MÉLITE.

Pardonne.

EUNICE.

Exauce-nous.

(Glaucé n'a pas osé mêler ses prières à celles de Mélite et d'Eunice;
mais son attitude, son geste, l'expression de son visage sup-
plient et trahissent son angoisse. Tout en écoutant Eunice et
Mélite, c'est Glaucé seule que Diane regarde; c'est à elle seule

que répond la muette incertitude de la déesse. Enfin celle-ci,
comme vaincue, jette à Glaucé un de ces regards de femme à
femme qui expliquent tout et contiennent des mondes de pensées ; et, lorsqu'elle parle à Éros, continue à avoir les yeux atta-
chés sur elle.)

DIANE, regardant Glaucé, à Éros.

      Éros, ma haine est morte,
Et son aile, brisée enfin, n'a plus d'essor.
Enfant, tu reverras ta mère aux cheveux d'or!

(Éros se relève, et, respectueusement incliné, baise la main de Diane.)

GLAUCÉ, à part, avec une profonde mélancolie.

Malheureuse ! c'était l'Amour ! ô lit de mousse !
Forêt! Baiser d'un dieu qui me brûle! Heure douce,
Enfuie, hélas! Pour moi qui marchais dans les fleurs,
Quelles éternités cachent assez de pleurs!

ÉROS, attirant Diane à l'écart, et lui parlant tout bas.

Oh! pendant cette nuit à l'haleine enchantée,
Où, sous les rayons clairs de la lune argentée,
S'ouvrait la rose, ô dieux! que sur ton front charmant
Brillait avec fierté l'éclair du diamant!

DIANE, de même.

Qu'il était adorable et calme, ce bois sombre
Où la brise, dormant sur les ailes de l'ombre,
Voltigeait tout en pleurs du myrte à l'alcyon!
Où tout ce qui s'émeut dans la création,
L'air tiède, les rameaux, la source charmeresse
Murmuraient à voix basse : « Amour! »

ÉROS.

        O chasseresse,
N'y reverrai-je pas frémir ton voile bleu ?

DIANE, comme à elle-même.

Aimer! vivre! ô mon cœur, c'était le rêve.

(A Éros, avec un détachement suprême.)

Adieu!

(Après avoir salué de la main Éros, qui s'est assis sur le banc de pierre, Diane et ses nymphes sortent en gravissant une à une la colline placée à gauche de la scène. Mélite et Eunice montent les premières, et s'avancent insoucieusement sans retourner la tête. Glaucé, en proie à une lutte indicible, meurt du désir d'envoyer un suprême adieu à l'enfant dont elle sera séparée éternellement, mais elle triomphe de cette dernière douleur, et, pâle et tremblante, suit ses compagnes. Quand les nymphes ont presque disparu, Diane qui, après elles, gravit le coteau, renverse sa tête en arrière, et envoie à Éros un adieu muet, ineffablement triste, que l'Amour lui rend par un geste de passion extasiée. Après une longue hésitation, la déesse s'arrache à cette contemplation muette et part à son tour. Resté seul, Éros se relève, court au pied du coteau, et, courbé vers la terre, retenant son haleine, prête l'oreille pour écouter encore le bruit des pas de sa bien-aimée. Enfin, quand il n'entend plus que le silence, il s'avance devant le public, et prononce les vers suivants d'une voix émue et profonde :)

ÉROS, au public.

Athéniens, la pièce est ici terminée.
Ainsi que les récits des filles de Minée,
Ses contes de nourrice ont fait passer le temps.
Rêver aux mois d'été sous les rameaux flottants,
Dans le grand palais vert de la nature fée,
Croire que l'on entend au loin l'archet d'Orphée,
N'est-ce pas le meilleur d'un monde où tout n'est rien?
Or, notre comédie au voile aérien
Est un songe entrevu dans le bois de délices
Où le lys éploré regarde les calices
Des étoiles, avant cette heure où l'aube naît

Dans la brume d'opale. Aimez-la ! si ce n'est
Pour l'amour de la Muse, à présent dédaignée,
Qui penche en soupirant sa tête résignée,
Aimez-la pour celui que la blanche Vénus
Endormait, tout petit enfant, sur ses bras nus,
Et portait dans un pli de sa robe traînante !
En voyant que son aile émue et frissonnante
S'envole dans l'azur et s'enfuit vers le jour,
Applaudissez du moins pour l'amour de l'Amour !

FIN

PARIS — IMPRIMERIE DE J. CLAYE, RUE SAINT BENOIT, 7.